CLAUDIA DIJO ¡SÍ!

La Historia de la Primera Presidenta de México

POR **DEBORAH BODIN COHEN** Y **KERRY OLITZKY**

ILUSTRADO POR **CARLOS VÉLEZ AGUILERA**

TRADUCIDO POR **RAFAEL MOLINA PULGAR**

Para mi cuñado Bruce Cohen quien,
como Claudia, cree en la ciencia. — D.B.C.

Para honrar la memoria
del rabino David J. Susskind. — K.O.

A mi querida madre, Consuelo. — C.V.A.

Consulta editorial por la Dra. Tessy Schlosser, teórica política
e historiadora, Directora General del Centro de Documentación e
Investigación Judío de México CDIJUM

Apples & Honey Press
An Imprint of Behrman House Publishers
Millburn, New Jersey 07041
www.applesandhoneypress.com

ISBN ISBN 978-1-68115-722-1

Texto copyright © 2025 de Kerry Olitzky y Deborah Bodin Cohen
Ilustraciones copyright © 2025 por Behrman House
Derechos de autor de la traducción © Behrman House 2025

Fotografía de Claudia Sheinbaum: Wikimedia/EneasMx

Todos los derechos reservados. Ninguna parte de esta publicación puede ser traducida, reproducida, ni almacenada en ningún sistema de recuperación ni transmitirse, en cualquier forma ni por cualquier medio, electrónico, mecánico, de fotocopiado, grabación o cualquier otro, para cualquier fin, sin el permiso expreso y por escrito de los editores.

Library of Congress Control Number: 2025933739

Design and art direction by Zach Marell
Edited by Dena Neusner
Printed in China

9 8 7 6 5 4 3 2 1

Cuando Claudia Sheinbaum era niña, millones de mariposas visitaban México cada otoño. La mayoría de las mariposas permanecían en las montañas, cubriendo los abetos como seda cobriza.

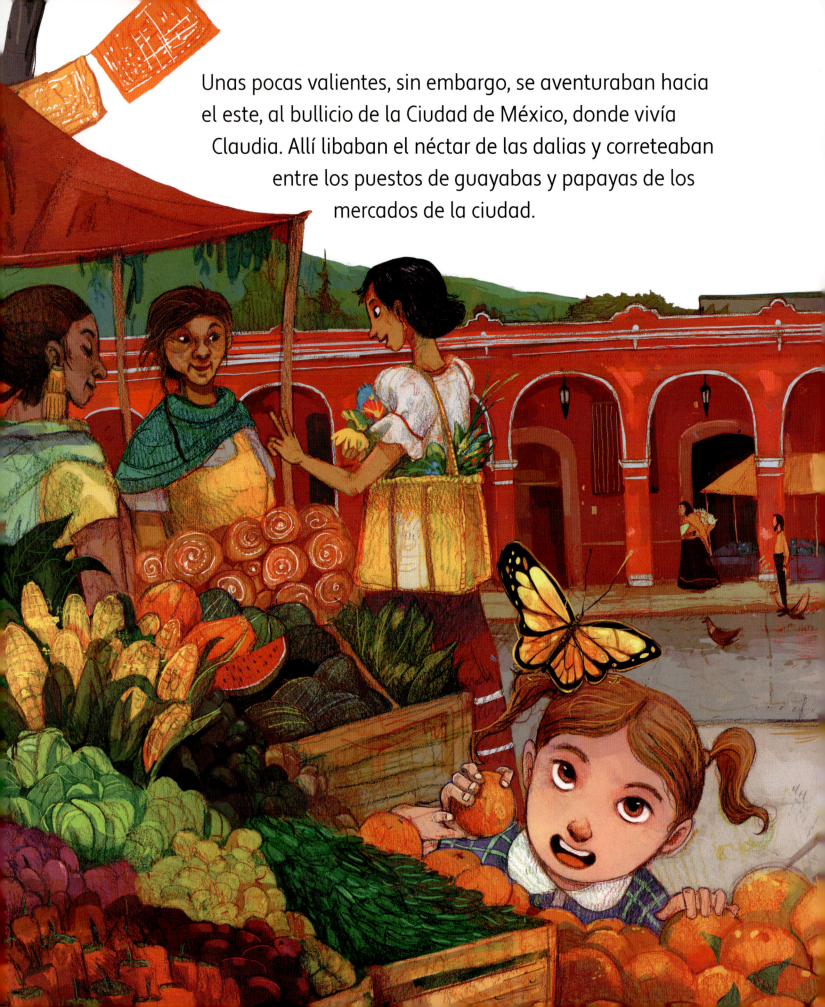

Unas pocas valientes, sin embargo, se aventuraban hacia el este, al bullicio de la Ciudad de México, donde vivía Claudia. Allí libaban el néctar de las dalias y correteaban entre los puestos de guayabas y papayas de los mercados de la ciudad.

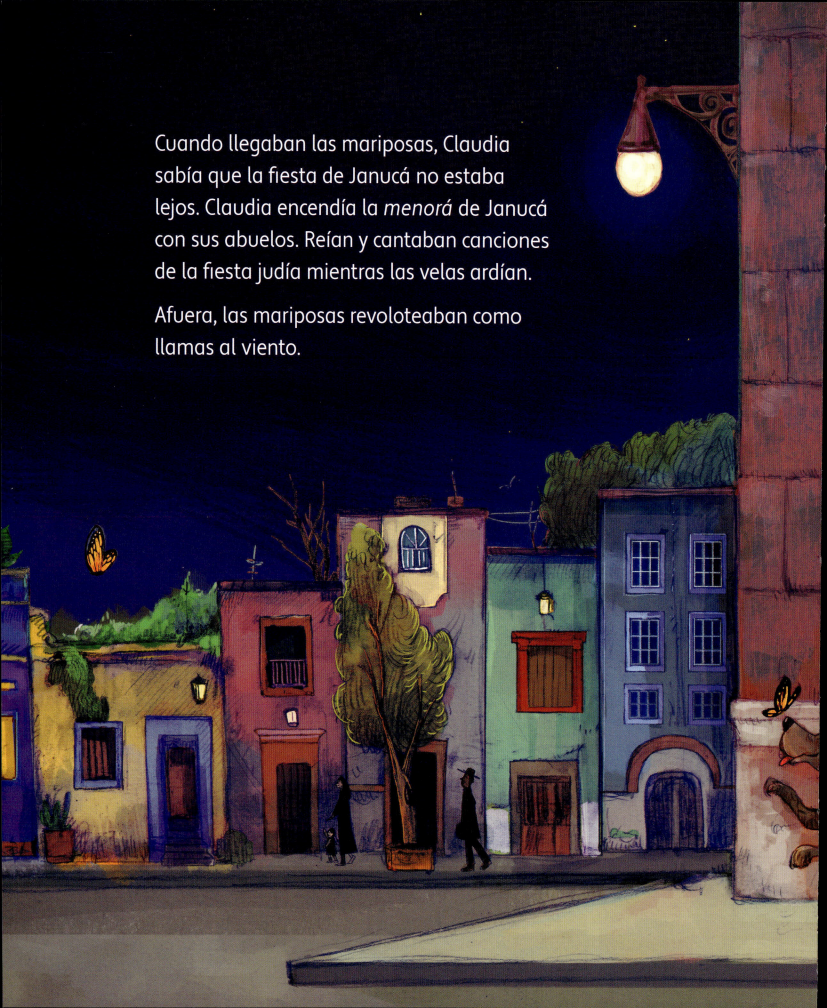

Cuando llegaban las mariposas, Claudia sabía que la fiesta de Janucá no estaba lejos. Claudia encendía la *menorá* de Janucá con sus abuelos. Reían y cantaban canciones de la fiesta judía mientras las velas ardían.

Afuera, las mariposas revoloteaban como llamas al viento.

En la escuela, el profesor de Claudia les enseñó el ciclo de vida de las mariposas. "La oruga forma un caparazón verde jade llamado *crisálida* y se mete dentro.

Allí sufre una *metamorfosis*, una transformación asombrosa.

Tras semanas de crecimiento y cambio, la crisálida se abre y emerge una mariposa".

Me-ta-mor-fo-sis. Cinco sílabas. ¿Era la palabra más larga que Claudia conocía?

Con el paso del tiempo, Claudia también creció y se transformó. La colegiala que amaba la naturaleza se convirtió en una bailarina adolescente que ensayaba hasta que le dolían los músculos, y que

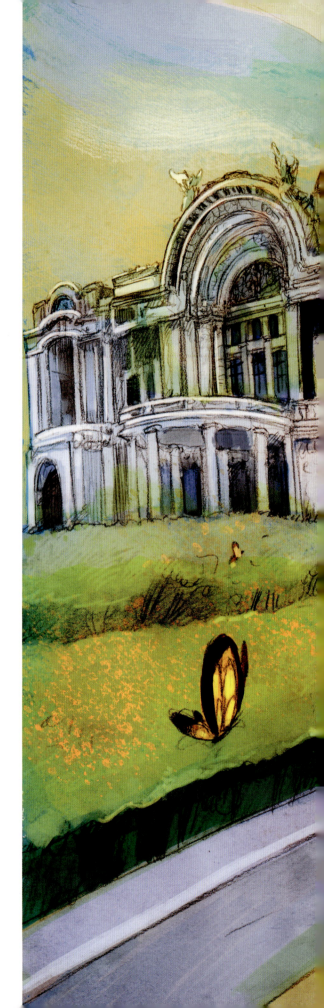

luego se transformó en una activista sin pelos en la lengua, liderando manifestaciones a favor de un gobierno justo y una educación gratuita para todos.

¿Qué fue lo que no cambió? La persistencia de Claudia.

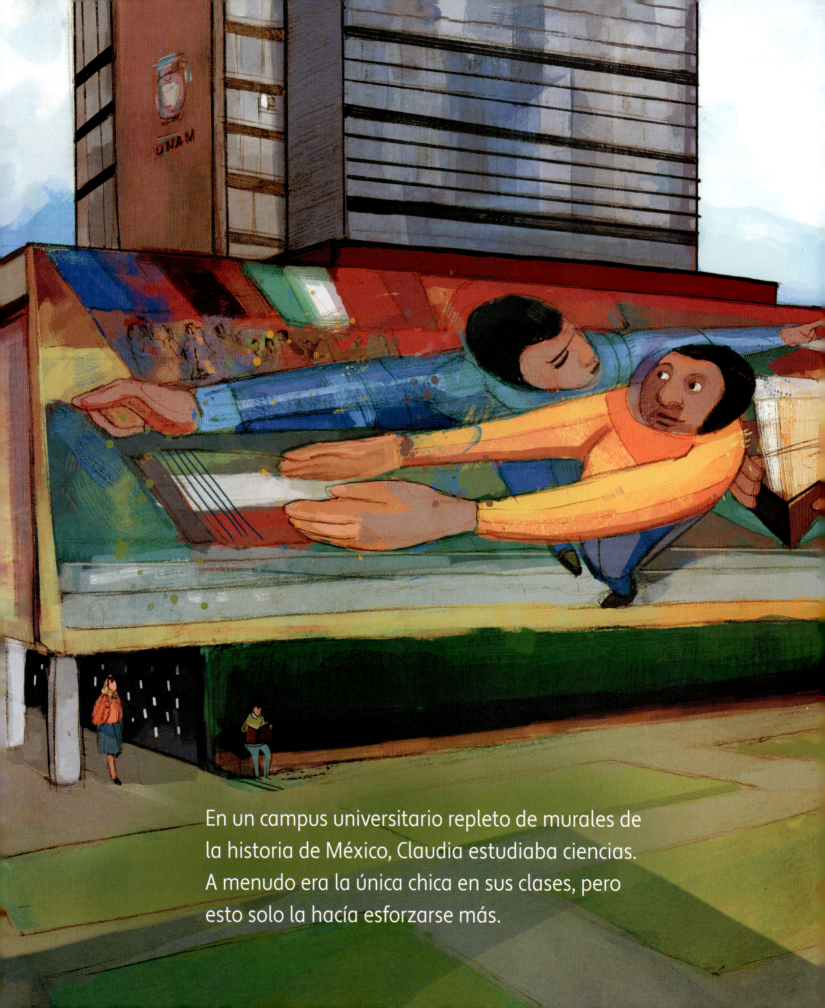

En un campus universitario repleto de murales de la historia de México, Claudia estudiaba ciencias. A menudo era la única chica en sus clases, pero esto solo la hacía esforzarse más.

Claudia estudió año tras año. Obtuvo un título tras otro. Un día, su propia crisálida se abrió y surgió la Dra. Claudia Sheinbaum, experta en medio ambiente.

Tras la puerta de un despacho en el que ahora decía "Profesora Sheinbaum", Claudia investigaba y redactaba informes acerca del aire, el agua y la tierra que se habían contaminado con basura y productos químicos.

Estudiaba los problemas, formulaba sus mejores hipótesis sobre cómo resolverlos y luego las ponía a prueba.

¿Podría reducir la contaminación el uso de vehículos eléctricos? ¿Y qué tal la energía solar o los molinos de viento? ¿Y si hubiera mejores autobuses y trenes, para que hubiera menos coches en las calles?

Cuando no estaba en su despacho, Claudia paseaba en bicicleta con sus hijos por los parques de la ciudad o cuidaba su jardín.

Pero, cada año que pasaba, el aire olía cada vez más al smog de las fábricas, de la construcción y de los coches. Y llovía menos, lo que dificultaba la jardinería.

Hasta las mariposas sufrían. Cada año revoloteaban menos en el cielo. Pronto, ¿quedaría alguna?

Claudia pensó: "*Quiero hacer más*". "*Quiero poner en práctica mis investigaciones*".

El nuevo jefe de Gobierno de la Ciudad de México se enteró de las investigaciones de Claudia. Le dijo: "Quiero menos contaminación en nuestra ciudad. ¿Sabes cómo lograrlo?"

"Sí", respondió Claudia humildemente. "Si tengo a un equipo que me ayude".

Así que el jefe de Gobierno le preguntó: "¿Te gustaría ser la Secretaria del Medio Ambiente de la Ciudad de México?"

Esta vez, Claudia no tuvo que pensar mucho ni estudiar las opciones. Contestó sonriendo: "*¡Sí!*"

El equipo habló y debatió, analizó y soñó.

Problema: El aire está contaminado y no es saludable.

Solución: Plantar árboles para limpiar el aire, millones y millones de árboles.

Problema: Hay demasiado tráfico, lo cual genera contaminación.

Solución: Contar con más autobuses en lugar de coches.

Ofrecer bicicletas gratuitas. Promover el uso de los coches eléctricos.

Algunas de sus soluciones funcionaron, y otras no. Cuando no funcionaban, Claudia y su equipo volvían a intentarlo.

Científicos de todo el mundo se enteraron de los cambios de Claudia en la Ciudad de México. Las Naciones Unidas le enviaron una invitación. ¿Le gustaría formar parte de un equipo internacional que estudia el cambio climático? ¡Sí!

Pronto, Claudia compartía ideas con científicos de Australia, Zambia y de casi 100 países más. Cuando se anunció el Premio Nobel de la Paz, ¡este equipo internacional lo había ganado!

Los habitantes de la Ciudad de México veían todos los cambios a su alrededor. Oyeron hablar del Premio Nobel. A Claudia la llamaban "La Doctora", como señal de respeto.

Votaron por Claudia para que fuera su jefa de Gobierno.

Enseguida se puso a trabajar con su equipo.

¿Podría crear energía eléctrica sin contaminar más? ¡Sí!

Claudia vio que la Ciudad de México recibía mucho sol, lo que la hacía perfecta para la energía solar. Cuando el sol brilla sobre un panel solar, este convierte la energía del sol en electricidad.

Pero en una ciudad tan atestada de gente, ¿dónde podrían colocar los paneles solares? La Central de Abasto, uno de los mayores mercados públicos del mundo, tenía un enorme tejado plano. Perfecto.

¿Podría ayudar a la gente a obtener buenos empleos? ¡Sí!

Claudia sabía que mucha gente pobre vivía en lo alto de las colinas. Se tardaban horas en autobús para llegar al centro de la ciudad, donde había buenos empleos. ¿Cómo podría ayudarlos el Ayuntamiento?

Claudia miró hacia el cielo, donde se elevaban las aguilillas.

En Colombia, algunas personas utilizan teleféricos para ir al trabajo. Quizá la misma solución funcionaría en la Ciudad de México.

Ella y su equipo instalaron el sistema de Cablebús que conecta las colinas con el centro de la ciudad.

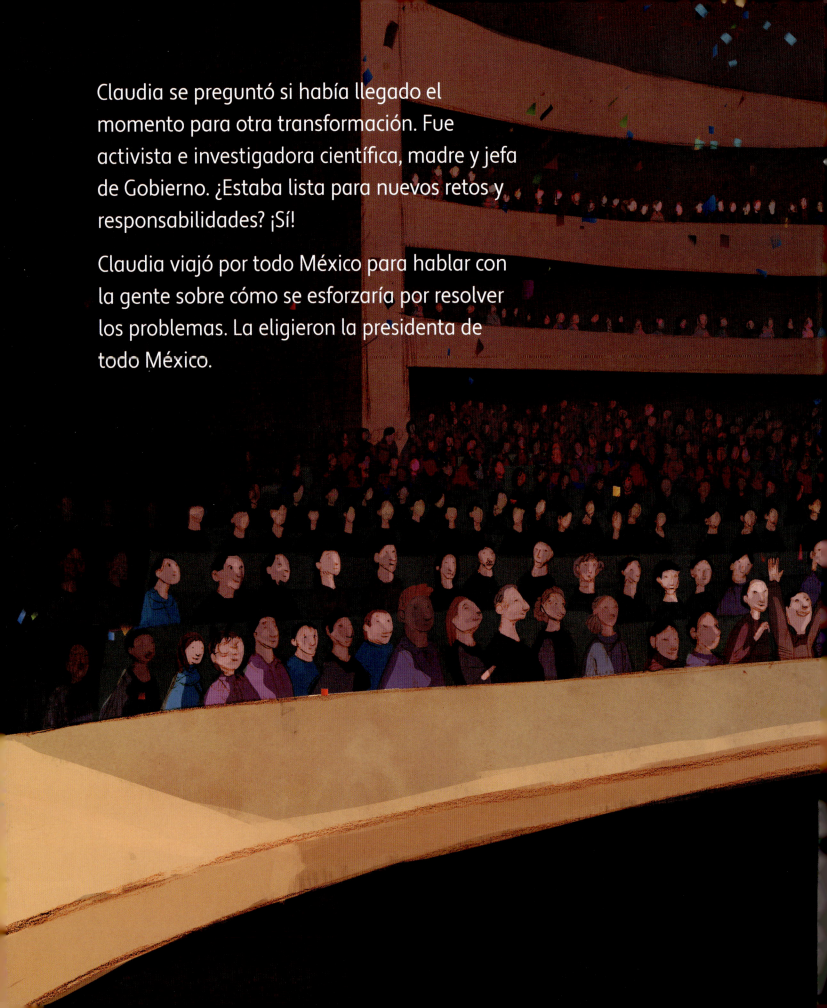

Claudia se preguntó si había llegado el momento para otra transformación. Fue activista e investigadora científica, madre y jefa de Gobierno. ¿Estaba lista para nuevos retos y responsabilidades? ¡Sí!

Claudia viajó por todo México para hablar con la gente sobre cómo se esforzaría por resolver los problemas. La eligieron la presidenta de todo México.

Fue la primera mujer, la primera persona de origen judío y la primera científica en dirigir el país.

Toda una metamorfosis.

Estimados lectores,

Como una oruga que se convierte en mariposa, toda persona sufre transformaciones a lo largo de su vida. Claudia Sheinbaum lo logró, ¡y tú también lo lograrás!

¿Quién has sido tú? ¿En quién esperas convertirte? ¿Un científico? ¿Un activista? ¿Una primera bailarina? ¿Tal vez presidente o presidenta? Es una gran aventura, ¿verdad?

—Kerry y Debbie

La comunidad judía de México

En la actualidad, entre 40 000 y 60 000 judíos viven en México, la mayoría en la Ciudad de México. Los primeros judíos llegaron a México hace más de 500 años, huyendo de la persecución religiosa en España y Portugal. Esperaban encontrar un hogar más acogedor, pero, incluso en México, tenían que practicar su judaísmo en secreto. Finalmente, tras la independencia de México de España en 1821, el nuevo país permitió una mayor libertad religiosa. Así prosperó una pequeña y activa comunidad judía

mexicana. Llegaron más inmigrantes judíos, tanto asquenazíes de Europa del este como sefardíes del sur de Europa y de Medio Oriente. La familia de Claudia Sheinbaum representa esta diversidad. Las familias de sus padres procedían de comunidades judías de Lituania y Bulgaria.

De niña, Claudia celebraba la fiesta judía de Janucá con sus abuelos. En Janucá, los judíos encienden velas durante ocho noches para recordar un milagro que ocurrió hace mucho tiempo, cuando un pequeño grupo de personas se liberó de un rey opresor y una pequeña cantidad de aceite duró ocho días.

El Premio Nobel de la Paz

Todos los años, nuestro planeta se calienta más. En 1988, las Naciones Unidas, conscientes de la necesidad de que los países colaboren para resolver este problema, crearon el Grupo Intergubernamental de Expertos para el Cambio Climático. El panel reúne a 600 científicos, entre ellos Claudia Sheinbaum, y legisladores de todo el mundo para estudiar el calentamiento global y desarrollar soluciones internacionales. En 2007, los miembros del panel compartieron el Premio Nobel de la Paz por trabajar juntos para aumentar el conocimiento y la concientización sobre el cambio climático.

Las mujeres mexicanas lideran

En la actualidad, casi la mitad del Congreso de México está compuesto por mujeres. Las mujeres mexicanas ocupan altos cargos en las empresas, la ciencia y la vida pública. Pero México no siempre estuvo tan abierto al liderazgo de las mujeres. De hecho, a las mujeres mexicanas ni siquiera se les permitía votar en México antes de 1955.

¿Cómo ocurrió? En los últimos 20 años, México ha aprobado una serie de leyes para proteger los derechos de la mujer y fomentar su liderazgo. "Es la hora de las mujeres", dijo Claudia Sheinbaum cuando asumió la Presidencia de México. "Las mujeres han llegado para forjar el destino de nuestra hermosa nación".

Claudia Sheinbaum, octubre de 2024